AF468781

L'Éternel a regardé des cieux sur les fils des hommes, pour voir s'il y en a quelqu'un qui ait de l'intelligence et qui cherche Dieu.

Ils se sont tous dévoyés, ils sont tous devenus puants ; il n'y a personne qui fasse bien, non pas même un.

Tous ces ouvriers d'iniquité n'ont-ils point d'intelligence ?

Psaume XIV.

Le respect humain est un fléau dans tous les ordres de choses. Pensez à Dieu et à la vérité et ne craignez pas les hommes.

GRATRY, *prêtre de l'Oratoire.*

Force, industrie, civilisation, tout pour les nations dépend de l'énergie des caractères individuels. Cette force de caractère est le fondement de la sécurité publique.

. . . .

A cœur vaillant rien d'impossible.

Devise de JACQUES CŒUR.

Le mérite d'un État se trouve à la longue n'être que le mérite des individus qui le composent.

JOHN STUART MILL.

Le travail et la science sont désormais les maîtres du monde.

DE SALVANDY.

Metz, le 15 mars 1871.

L'armée, organisée comme elle l'était en France à quoi a-t-elle servi ? A épuiser le trésor, à faire des guerres lointaines et ruineuses pour des intérêts qui ne sont pas les nôtres, à nous aliéner toutes les nations de l'Europe et à former, en quelque sorte, une école de paresse, d'abrutissement et de débauche. Mais quand il s'est agit de défendre la France, l'armée n'a plus été bonne à rien. Trois invasions, 1814, 1815 et 1870 nous ont été fatales, et quand l'armée pouvait enfin devenir utile, elle est restée impuissante et déshonorée devant le peuple armé qu'elle avait provoqué.

A quoi servent nos écoles spéciales et militaires ? l'École polytechnique, l'École de Saint-Cyr, l'École d'état-major et celle des ponts et chaussées ? Depuis leur création ces écoles ne nous ont pas donné un seul général intelligent, ayant la pratique ou le génie de la stratégie [1] ; pas un ingé-

[1] De nos jours les plus remarquables se nomment Lebœuf, Frossard, Coffinières, etc. ; jugez des autres.

nieur digne d'être comparé à Stephenson, qui n'a eu que l'éducation d'un ouvrier; pas un administrateur éclairé, sensé, travailleur, pouvant appliquer une intelligence pratique à de nouveaux besoins. Depuis soixante-dix ans, les hommes sortant de l'École polytechnique repoussent toutes les nouvelles inventions : ils ont commencé par nier la possibilité d'utiliser la vapeur et ils ont fini par rire du canon se chargeant par la culasse, une des causes de nos désastres. On ne peut citer une seule découverte sérieuse faite par eux. On leur farcit la tête de théories à peine comprises et qu'ils ne savent pas appliquer, et cela aux dépens de l'aptitude créatrice et de la puissance d'invention [1].

Auguste Comte préférait de beaucoup les écoles des arts et métiers, et les grands industriels mettaient avec raison bien au-dessus d'eux les jeunes ingénieurs qui se sont formés dans l'atelier. Si les écoles libres, les ateliers de l'industrie étaient restés aussi arriérés, la France serait en tout la dernière nation de l'Europe. Son organisation industrielle serait aussi nulle que son organisation militaire.

Le monopole accordé aux hommes sortant de l'École polytechnique a été la principale cause de notre infériorité en tant de choses, et si l'on veut y regarder de près, on verra facilement que si les nombreux services dont ils se sont emparés donnent encore signe de vie, c'est qu'ils sont dirigés par les employés subalternes, par les praticiens; des centaines de faits et d'exemples le prouvent, et si, par hasard, il sort un travailleur de nos écoles spéciales, il n'arrive à quelques connaissances pratiques qu'en recommençant son éducation sur les chantiers, avec le secours des subordonnés et des ouvriers.

Quand on veut bien étudier les belles époques grecque, romaine, celle du moyen âge et de la renaissance, qui ont

[1] M. Coriolis, ancien directeur des études de l'École polytechnique disait que l'enseignement des mathématiques, aujourd'hui en France, était le plus lourd, le plus pédant, le plus fatigant pour les élèves et pour les maîtres qu'il fût possible de voir, et présentait le plus étrange exemple de routine qu'ait offert aucun enseignement dans aucun temps.
Les Sources, 2e partie, par A. Gratry (1864), p. 127.

donné tant d'admirables résultats, et dont les beaux travaux sont encore nos modèles, il est facile de voir que les hommes éminents de ces époques mémorables ne bornaient pas leurs études à des théories stériles, à un tohu-bohu de sciences sans sérieuses applications [1]. Ils entraient jeunes dans les ateliers, jeunes ils fréquentaient les chantiers, ou faisaient la guerre et ils y apprenaient la pratique et la nécessité de la science. Le maître de l'œuvre, ingénieur, architecte militaire et civil, quand ses projets étaient terminés, reprenait le ciseau et la truelle. De nos jours ont encore agi ainsi Watt, Brunel, Stephenson, Jacquard, Sauvage, Windsor, Wheaston et bien d'autres. Aucun de ces hommes célèbres n'est sorti de l'École polytechnique, ni d'aucun établissement semblable. Est-ce en se bourrant la tête d'abstractions mathématiques et uniquement de procédés que Vauban, qui est encore aujourd'hui le premier ingénieur militaire français, a acquis sa facilité de combinaisons nouvelles et l'art de mettre à profit les accidents de terrain et les diverses circonstances locales? A dix-sept ans il était à l'armée, il n'avait pas passé deux années à hurler dans les rues de Metz sous prétexte d'apprendre l'application de théories incomprises.

On a fait fausse route depuis l'établissement de l'École polytechnique. Demandez aux savants qui en sortent de nous faire connaître leurs travaux, de nous permettre de les comparer aux nombreuses découvertes et productions des ouvriers, des ingénieurs et des savants libres français et étrangers. Tout a été trouvé par ces hommes remarquables et rien par ceux de l'École polytechnique; au contraire, ils ont toujours usé de tout leur pouvoir pour repousser les nouvelles inventions et le progrès. Pour eux tout inventeur était un fou, un ignorant, et pour le prouver ils lui opposaient des négations obstinées et railleuses, des théories préalables, des formules, des calculs faussés, et les bourgeois, les administrateurs et les députés émerveillés admiraient l'élocution et la science de leurs fils et de leurs gendres, et

[1] Il ne suffit pas, dit Locke, de se bourrer d'un amas indigeste de leçons; à moins qu'on ne les rumine à loisir, elles ne donnent ni force ni nourriture.

l'homme de génie, le pauvre inventeur, était dédaigneusement repoussé.

Le monopole, qui devait être remplacé par des concours continuels, ne fait que des oisifs et des ignorants. En France, pour arriver à partager les avantages de ce monopole, il ne faut, de seize à vingt ans, que passer quelques examens où la mémoire suffit presque toujours ; quand le tour est fait, on n'a plus à s'inquiéter de rien, la position est assurée, elle s'améliore sans cesse, sans exiger de nouveaux efforts : on n'a plus d'examens à passer, de concurrence à craindre. On prend l'étude en aversion, on en est saturé, parce qu'on n'en comprend ni la raison ni le but, qu'on ne sait pas l'appliquer, parce que l'application en a été mal enseignée, et surtout trop tard, par des professeurs à théories pures, qui, au lieu de se pénétrer de la vérité de leurs principes sur le terrain, se bornent aux études sédentaires. On abandonne alors un travail qui pourrait devenir intéressant, si on en comprenait l'application, on l'abandonne pour ne plus quitter le café où l'on fume et où l'on s'abrutit en buvant de l'absinthe et en se couchant une partie de la journée. On n'en croit pas moins à son infaillibilité et l'on s'effarouche d'une observation, ne sort-on pas de l'École polytechnique ! On a le droit, en ne faisant plus rien, de tout contrôler, et l'on prive par sa présence, d'une position méritée, tous les hommes de talent, au génie inventif, les travailleurs qui se forment à tout âge en dehors des écoles et qui auraient honoré et sauvé la France.

Ces fonctionnaires, ces officiers sortant des écoles spéciales sont fourrés partout et gâtent tout : on ne cesse de créer des emplois pour les caser. Citons quelques exemples entre mille. Dans un arsenal, où un ouvrier devenu sous-officier, puis enfin officier, fait tout marcher, on trouve cinq ou six polytechniciens de tous grades, jouissant, en outre de leurs appointements si facilement gagnés, de bien d'autres avantages qui ne contribuent pas à remplir les arsenaux [1]. Ces

[1] A Metz, on a même vu faire un billard, par les ouvriers de l'État, pour les officiers ; on ne cessait de travailler pour eux. Les abus que les chefs se permettent sont bientôt imités impunément par tous les subordonnés.

messieurs, si bien traités et si utiles à l'État, viennent une heure par jour dans les bureaux ; cette heure se passe à donner quelques signatures, à fumer des cigares et à visiter pendant l'été les jardins que les soldats ou les employés ouvriers cultivent dans l'enceinte de l'arsenal, toujours aux frais de l'État ; les produits de cette culture ne sont pas vendus par l'Intendance, comme les vieilles selles, au profit du Trésor, mais sont destinés à figurer sur les tables des fonctionnaires.

En voyant l'emploi que l'on fait des soldats et des officiers, le public, qui ne veut se rendre compte de rien, tout en criant beaucoup, a tort de s'étonner, en payant un budget qui suppose une armée de 600,000 hommes, de ne voir que 250,000 combattants.

Dans les petites villes, on place un capitaine et quelques gardes pour surveiller un bâtiment inutile et délabré. L'argent destiné à son entretien est en grande partie employé à l'embellissement du logement de l'officier ou à des changements continuels chaque fois qu'un nouveau fonctionnaire vient prendre possession de la maison et de l'emploi.

Partout où les officiers, les intendants et les autres employés sont logés, les frais d'entretien, de changement et d'embellissement sont énormes ; si les fonctionnaires sont quelquefois peu exigeants, il n'en est pas de même de leurs femmes.

Tout cela pourrait être facilement évité. Un seul architecte dirigerait, avec plus de talent et plus économiquement que quarante officiers, l'entretien et la construction *des fortifications* et des bâtiments militaires d'une ou de deux divisions. Je souligne le mot fortifications parce qu'un projet de fort mis au concours, grâce à l'esprit inventif et à l'émulation de quelques concurrents, donnerait des moyens nouveaux de défense que les officiers du génie ne trouveront jamais. Il ne s'agit que d'essayer, mais il est bien entendu que le Comité ne restera pas seul juge, il repousserait infailliblement le projet, comme il a repoussé beaucoup d'autres améliorations. On ne doit pas pouvoir faire mieux que lui.

A l'École d'application de Metz on se contentait, il y a dix ou quinze ans, tout en ne faisant pas plus mal, de quelques capitaines pour professer ; il faut maintenant des commandants, des lieutenants-colonels pour faire les mêmes cours, puis des capitaines pour adjoints, d'autres capitaines en grand nombre pour surveillants ; deux ou trois capitaines pour l'équitation, au lieu d'un seul comme autrefois ; ensuite des dessinateurs, des scribes, des gardes, des garçons, etc. : toujours en plus grand nombre. Un ancien colonel pour bibliothécaire, avec un adjoint pour faire un travail insignifiant dont on charge encore le plus souvent un garçon de salle. Quant aux élèves de cette fameuse École ils donnent pendant deux années l'exemple d'une dépravation ignoble aux soldats et aux ouvriers, scandalisent toute la ville par leur insolence et leur honteuse conduite, qui est d'autant plus méprisable que beaucoup ont été élevés avec les deniers des contribuables. Quand ils sortent de cette École, me disait l'un des professeurs, et qu'on les charge de diriger quelques travaux, les présomptueux, et c'est le plus grand nombre, débitent de savantes niaiseries qui font rire les sous-officiers et les ouvriers ; quant aux timides ou aux modestes, qui ne sont pas aussi sûrs de leur savoir, ils n'osent rien dire. C'est dans cette École que les professeurs disaient aux élèves « que l'armée » prussienne n'était redoutable que sur le papier ; que les » fusils à aiguille n'étaient bons à rien ; que les canons se » chargeant par la culasse nuisaient moins à l'ennemi qu'à » ceux qui s'en servaient ; que l'enseignement prussien ne » pouvait former un général ; que les forts détachés étaient » inutiles[1]. » Ils ont prouvé tout cela d'une manière irréfragable dans de bien savants mémoires remplis de calculs ; l'un de ces mémoires, fait par le colonel d'artillerie W...., a été publié par l'Académie de Metz.

Pour avoir une idée du savoir-faire du génie militaire, il faut avoir suivi les derniers travaux autour de Metz, ils confirment l'axiome de Descartes : « les mathématiques seules ôtent l'usage de la raison. » Je ne m'arrête pas sur les travaux dispendieux et inutiles, sur les ruines déplorables faites sans nécessité autour de Metz[2], ni sur la marche défectueuse et

[1] Cette dernière idée est de M. Goulier, professeur à l'École d'application et lieutenant-colonel du génie.

[2] Le général Coffinières, communiste à sa manière, a fait détruire

peu raisonnée qui a été suivie et qui a été cause que les forts n'étaient ni achevés ni armés au commencement du blocus, mais je signale ce que tout le monde a pu voir autour de la place, les vastes et nombreux éboulements successifs des murs des contrescarpes et des courtines et qui continuent encore. Semblable chose n'arrive jamais quand un maître maçon dirige des travaux bien autrement difficiles. Après ces accidents, quand ces messieurs ne peuvent pas ruiner un entrepreneur imprudent, en lui imputant leurs bévues, ce sont les contribuables qu'on charge alors de payer les dépenses occasionnées par leur ignorance. Ils cachent autant que possible ces accidents qui doublent les frais; mais les inspecteurs, dira-t-on, que font ils donc? Les inspecteurs sortent de la même École, suivent les mêmes routines et évitent avec soin d'amoindrir l'admiration que le corps du génie leur inspire. Au point de vue de l'invention, du goût et du caractère, toutes ces bâtisses sont déplorables. Voici ce qu'en dit un de nos plus illustres architectes, M. Viollet-le-Duc: « Les architectes ont vu une certaine partie des édifices » publics sortir de leurs mains, puisque le goût n'avait rien » à voir dans des grands partis d'ordonnance, les masses » imposantes; on a pensé que leur concours était inutile s'il » s'agissait de bâtir des ponts, d'élever des quais, de faire » de grands travaux de terrassement, des casernes, des ou- » vrages militaires. Et si le public trouve la plupart de ces

inutilement un grand nombre de propriétés et de maisons qui se trouvaient, ainsi que de nombreux magasins et un viaduc entre la ville et les forts, mais il a conservé avec soin deux ponts à deux lieues de Metz, qui ont été très-utiles à l'armée allemande. Toutes les constructions qui se trouvaient entre la ville et les forts auraient pu abriter pendant les mauvais temps du mois d'octobre, hommes et chevaux qui étaient obligés de camper et qui ont péri faute d'abri.

Le général Coffinières n'a-t-il pas aussi empêché la continuation des payements des pensions, retraites et obligations à la recette générale, pour laisser 80,000 francs en caisse? A-t-il fait faire de sérieuses recherches pour voir s'il n'existait plus de vivres? Plusieurs boulangers se sont servis, pendant deux mois après le siége, de farines qui se trouvaient encore en ville, et l'on a trouvé et vendu dans les bâtiments de l'État des masses considérables de lard.

» bâtisses laides, disgracieuses, barbares même, on peut » dire que le goût n'entre pour rien là dedans, et que lui, » public, n'a point à l'y chercher. Eh bien ! nos architectes » du moyen âge, d'accord avec le public de leur temps, » croyaient que le goût se dévoile aussi bien dans la cons- » truction d'un pont et d'une forteresse que dans l'ornemen- » tation d'une chapelle. »

L'intendance, qui se recrute également parmi les officiers sortant de ces écoles, était depuis longtemps justement et sévèrement critiquée. La triste guerre de 1870-1871 ne laisse rien à désirer pour prouver complétement leur incapacité et leur incurie. Autour de Metz, on a vu des choses tellement stupides qu'elles sont incroyables. Les détails recueillis de tous côtés seront successivement publiés.

Pour se rendre compte de la valeur de l'état-major, il faut lire le remarquable rapport de M. le colonel Stoffel. Il n'est pas difficile d'en dire encore davantage sur la nullité et la paresse de ces officiers couverts d'or et de décorations ; nous les avons vus à l'œuvre : n'ont-ils pas pris la Seille pour la Moselle, la Sarre pour le Rhin ; ils étaient incapables de trouver, aux environs de Metz, un village indiqué sur la carte ; moins capables que le dernier sous-officier allemand qui non-seulement savait trouver son chemin en consultant sa carte, mais qui parfois indiquait aux gens du pays les chemins que ceux-ci ne connaissaient pas.

Les officiers de l'état-major, comme les autres officiers de tous grades, de tout âge de l'armée de Bazaine, n'ont jamais été vus, pendant les loisirs du camp, occupés à quelques travaux sérieux. Pendant tout le blocus, ils ne pensaient qu'à une seule chose, à se procurer, en parcourant sans cesse la ville et la campagne, les moyens de faire continuellement bonne chère et d'incessantes orgies avec des filles. Tout ce scandale avait lieu en présence des soldats. Tous les habitants de Metz et des environs ont été témoins de ces turpitudes publiques. N'a-t-on pas remarqué les mêmes mœurs licencieuses, le même oubli du devoir partout où les officiers se sont montrés ; et l'on s'étonne de l'indiscipline du soldat avec de tels exemples sous les yeux et de son mépris pour de tels chefs.

Nous sommes arrivés au point d'être obligés de ne rien dissimuler ; il faut enfin, et il en est grand temps, dire et montrer les choses telles qu'elles sont, si nous ne voulons pas tomber plus bas encore. Le temps d'admirer, de flagorner et d'excuser sans cesse tous ceux qui portent des habits couverts d'or est passé. Les défaillances honteuses et l'ineptie ont fait disparaître le prestige; les feintes bravoures ont provoqué le mépris; la comparaison a fait naître le dégoût. Les officiers de tout grade manquaient de sens moral ; ils n'ont jamais pensé que le progrès national est la somme des activités, des énergies, des vertus de tous ; de nombreuses et inconcevables lâchetés ont été signalées de tous côtés [1]. Les officiers ne s'occupaient plus de leurs soldats. Plus tard ce reproche et bien d'autres leur ont été adressés par tous les hommes de cœur. Ils se gorgeaient à côté des malheureux soldats qui manquaient de pain, et ils ne comprenaient pas leur infamie, ces fils de bourgeois ! Les sous-lieutenants, les lieutenants se plaignaient de l'incapacité et de la couardise de leurs chefs. Savez-vous comment ils sont devenus aussi lâches et aussi incapables ? En commençant comme vous, en négligeant le travail et l'étude, en marchant peu, en mangeant beaucoup, en se couchant une partie de la journée et

[1] Le 18 août, au plus fort de l'action, des dragons quittaient le champ de bataille et traversaient au grand trot le village de Châtel, à l'ouest de Metz. En tête de ces hommes se trouvaient trois généraux. Un chasseur à pied blessé était sur la porte de l'ambulance. « Voyez-vous, s'écrie-t-il, voilà encore M... qui se sauve, c'est un c.... ; avec lui il y a X..., c.... et voleur, et X.... qui ne vaut pas mieux. » Fait raconté par l'intendant P...., témoin oculaire et auriculaire.

On dit que le 18, près d'Amanvillers, dans la ferme du sieur Huet, des généraux et des officiers d'état-major se tenaient cachés pendant l'action, malgré les reproches de la fermière, indignée de tant de lâcheté. Voilà pourquoi les soldats disaient toujours : « Mais on ne voit pas de généraux, où sont-ils donc ?

Pendant qu'aux environs de Metz, les francs-tireurs, jeunes et vieux, car il y en avait un âgé au moins de 55 ans, se battaient et se faisaient tuer, de nombreux officiers, jeunes et forts, attachés aux arsenaux, aux écoles qui étaient fermées, se promenaient tranquillement, en fumant leurs cigares, loin de tout danger, au lieu d'imiter ceux que leur métier ne forçait pas d'aller au combat.

en ne lisant que d'abjects romans, en un mot il ont toujours vécu comme vous-mêmes vivez maintenant [1].

La guerre leur était devenue insupportable, à la fin tout devenait impossible : les simulacres de canon des Prussiens, des tuyaux de fourneau, des bûches de bois les épouvantaient ; ils voyaient de formidables retranchements partout. Après le blocus on a vu que cela se bornait à fort peu de chose ; ils demandaient la paix à tout prix, ils regrettaient la vie énervante de leurs garnisons. A la reddition de la place, ils se sont empressés de livrer *les drapeaux* [2], *les armes qu'ils avaient juré de défendre jusqu'à la mort ;* ils pouvaient au moins les détruire, ils n'ont pas osé. Les landwehr, les conscrits prussiens ne pouvaient comprendre tant de lâcheté, car ils savaient bien que, faute d'une trouée facile, ils avaient encore la faculté de pouvoir s'échapper sans danger : une vingtaine de bourgeois, connaissant bien le pays, le leur ont proposé. Cette proposition acceptée d'abord, ils n'ont pas eu le courage de la mettre à exécution. Quelques officiers seulement, dignes de porter l'épaulette, et beaucoup de sous-officiers et soldats se sont facilement évadés pour aller, sous la direction de généraux plus dignes d'estime, défendre leur malheureux pays jusqu'au dernier moment. Quant aux prisonniers, aux *bêlants*, ils étaient ravis de ne plus avoir de dangers à craindre ; ils ont supporté facilement de rudes humiliations et le mépris des populations, pour aller en Allemagne chercher de nouveaux plaisirs. Beaucoup y ont continué leur même genre de vie ; ils ont augmenté leur avilissement par leur manque de dignité [3].

[1] Nos Français sont les hommes les plus impropres du monde à résister à l'influence énervante de la vie de garnison. Un officier anglais, plutôt que de ne rien faire, lirait et relirait dix fois de suite son Shakspeare et son Byron ; un français fumé, boit de l'absinthe et courtise les femmes.

DUVERGIER DE HAURANNE, *Revue des Deux-Mondes,* **15 octobre 1866.**

[2] C'est le général Henri, dit Botte, fils d'un cordonnier, qui a eu le triste courage de les livrer ; il semblait fier de cette mission en allant, par une pluie battante, attendre les ordres du général allemand devant la porte de son hôtel.

[3] Lettre d'un officier supérieur prisonnier et dire d'un médecin.

Vouloir organiser une nouvelle armée avec de tels hommes, surtout avec de tels officiers supérieurs, c'est désirer la continuation de l'avilissement de la France, c'est encourager, approuver et continuer les traditions de paresse, d'ignorance, de gloutonnerie et d'incurie de l'armée impériale [1]. Rien ne les corrigera, car ils ne comprennent pas encore, malgré la terrible leçon, leurs fautes et leur nullité; ils accusent tout, excepté eux. Il semble, quand on les entend, qu'ils continuent à regarder la France comme un pays bon à exploiter et non à défendre. Ils jalousent et ne comprennent pas ceux qui ont noblement et sans peur continué la lutte.

En donnant ci-après quelques extraits d'une lettre d'officier, on verra ce qu'ils pensaient presque tous avant la guerre :

« Je vous assure que nous nous croyons bien supérieurs aux Prussiens et ne demandons que l'occasion de le leur montrer... Notre administration est la meilleure de toutes.... Si nous avons quelques généraux incapables, il y en a toujours eu suffisamment de bons...

» Quant à la supériorité du canon prussien je ne sais où on a été la prendre.... Quand on voit des carrés autrichiens enfoncés par de la cavalerie légère, il faut admettre des soldats bien démoralisés.... Vive Dieu! qu'ils y viennent les Prussiens, et ils trouveront un changement!... »

Voici ce que dit à présent un jeune capitaine d'artillerie nouvellement décoré :

« En France, la guerre ne peut pas recommencer avant quinze ans, parce qu'il faut que tous les soldats qui ont vu le casque prussien ne fassent plus partie de l'armée. Cependant tous ne sont pas de cet avis; les plus fougueux re-

[1] J'ai vu désarmer nos soldats sans qu'il y eut une goutte de sang répandu! « Espérez-vous que le soldat racheté au prix de l'or reviendra » plus brave qu'il ne l'a été ?.. La vertu une fois bannie d'un cœur ne » rentre plus dans une âme dégradée... Jamais celui qui a craint la » mort... qui s'est laissé charger de chaînes ne renversera le Carthaginois dans un autre combat... Ne sachant d'autre moyen de sauver » ses jours, il a demandé grâce au milieu de la mêlée... O honte! ».

HORACE, *Odes*, livre III.

mettent la revanche à dix ans; — il leur faut au moins ce temps pour se recueillir. »

L'administration des ponts et chaussées se recrute aussi à l'École polytechnique, cela lui donne quelquefois des ingénieurs forts en mathématiques, mais incapables de diriger convenablement leurs modestes travaux. Le savant enseignement qu'ils ont reçu, qui va de la théorie à la pratique, est justement le contraire de ce qu'il faudrait faire et de ce qu'on a fait à toutes les époques remarquables. C'est une innovation de notre siècle et peut-être une des plus déplorables. Cet enseignement de procédés fait par des savants qui ne produisent rien, les laisse à la merci de leurs subordonnés, de leurs employés, dont l'éducation professionnelle, quoique incomplète aussi, l'est cependant moins que la leur, car non-seulement ils peuvent lire et faire un projet *exécutable,* mais ils peuvent encore l'expliquer aux ouvriers sans provoquer leurs plaisanteries, comme cela arrive trop souvent à l'ingénieur. Cependant les ingénieurs veulent ordonner, ils sont nommés pour cela, le doute et les observations les froissent, n'ont-ils pas appris à l'École à s'appuyer sur des formules, des bases infaillibles? Ils ne peuvent admettre que la pratique peut exiger autre chose que ce qu'ils ont appris théoriquement. Sans les architectes et les praticiens qui sont sous leurs ordres on verrait d'étranges choses. A Paris, un ingénieur, professeur à l'École des ponts et chaussées, beaucoup trop savant pour avoir recours aux connaissances pratiques de ses subordonnés, dirigea tout seul la construction d'un pont sur la Seine, en face de l'hôtel des Invalides. Eh bien! ce pont s'écroula bel et bien, malgré les nombreux et brillants calculs du savant. *Toutes les communes de France* ont de semblables et nombreux exemples à citer, et cependant l'on ne change rien, on laisse aller! « Mais pourquoi donc garder ce corps;
» pourquoi, quand il s'agit d'une grande entreprise, ne pas
» la mettre au concours; pourquoi l'État ne veut-il se servir
» que des lumières de ses employés, au lieu d'utiliser les
» lumières de tous?

» La plupart des ingénieurs se rouillent comme les officiers
» en garnison.

» Les ponts et chaussées emploient quelques milliers de

» francs partout où un agent voyer en dépense quelques » centaines, et ce n'est pas mieux. Pourquoi conserver une » administration qui rapporte de tels fruits, une machine qui » produit des effets d'une telle valeur; pourquoi ne pas la » supprimer[1]? » Faire par conséquent des économies considérables tout en obtenant de meilleurs travaux; mais cela sera difficile, sinon impossible: tout ce qui sort de l'École polytechnique forme un faisceau difficile à rompre; trop de puissants personnages en profitent et trop d'imbéciles l'admirent[2].

On réveillerait et l'on forcerait ces savants de travailler, en mettant tous les travaux publics au concours; l'émulation qui en naîtrait pousserait quinze, vingt hommes de talent à étudier la question avec acharnement, au grand profit du pays.

Les ingénieurs de la marine, qui sortent aussi de l'École polytechnique, sont, comme leurs condisciples, bourrés de mathématiques mais dépourvus de connaissances pratiques et du génie de l'invention; ils sont mêmes incapables de trouver quelques améliorations. Nourris de théories qui ne sont presque jamais appuyées sur des faits certains et justifiés par l'expérience, ils sont la cause des erreurs les plus fâcheuses; harcelés par les officiers de marine, qui sont tous les jours à même de voir l'immense supériorité des vaisseaux américains et anglais, ils finissent à la longue et forcément par copier les étrangers, quand ceux-ci ont déjà trouvé mieux que ce que nos ingénieurs se décident enfin à imiter, et nous avons eu en France des constructeurs indépendants qui leur sont bien supérieurs et dont on néglige les talents pour employer des routiniers.

Si l'on avait assez de bon sens et de courage pour rompre une bonne fois avec les habitudes routinières et égoïstes de notre pays, de repousser tout monopole et d'ouvrir toutes les portes à l'industrie et au génie individuel, nous ne resterions pas, pour nos services publics, si arriérés. Si l'on donnait

[1] YVES GUYOT, *L'Inventeur*, p. 75.

[2] La raison offense tous les fanatismes.

ALFRED DE VIGNY.

pour mission à quelques ingénieurs et architectes français indépendants et à quelques ingénieurs étrangers de faire une sérieuse enquête sur les travaux faits depuis quarante ans en France et dans l'Algérie par nos ingénieurs civils et militaires sortant de l'École polytechnique, on serait effrayé de l'aveuglement de nos gouvernants, de nos députés et de la grande majorité du peuple français à qui l'on fait si facilement accroire que *l'Europe entière nous envie;* une école qui, j'ose le dire, a fait un *mal irréparable* à la France. Son esprit de routine est tel qu'il repousse même les hommes d'initiative et d'un véritable génie que son triste enseignement à contre-sens n'a pu égarer et qui cherchent la vérité dans le travail et l'observation, dans le fait et non dans le chiffre, dans la pratique sur le terrain et dans les chantiers et non dans des formules. Dans l'armée et dans les services publics, les travailleurs sont mal notés, leurs camarades qui les blâment les appellent intrigants, leurs chefs les détestent et les redoutent; ils trouvent extraordinaire chez des subordonnés la prétention de trouver quelques améliorations. Tous ces hommes véritablement dignes d'être remarqués et employés arrivent difficilement aux grades élevés : souvent découragés, les plus faibles finissent par faire comme le plus grand nombre, ils ne font plus rien, tandis que les caractères énergiques quittent leur emploi pour suivre d'autres carrières où ils peuvent exercer leur génie.

Malgré notre apparence républicaine, vu le grand nombre des intéressés au maintien des abus, où la routine de la bureaucratie, le stupide et fatal aveuglement de la bourgeoisie et un manque de bon sens général qu'on peut signaler en France, n'est-il pas à craindre que si nous persistions dans nos anciens errements, de nouvelles catastrophes ne viennent encore nous accabler.

L'énergie manque à la bourgeoisie; il faut le dire, elle aussi est lâche et amollie, elle n'a pas le courage de *se garder*, elle veut l'être, quand son manque de bon sens l'a mise en péril, par n'importe qui ; qu'un pouvoir quelconque lui promette la tranquillité, elle l'acceptera même avec la honte, sans prévoir le terrible avenir que lui prépare cet abandon d'elle-même. Tâchons, si c'est encore possible, si nous ne sommes pas complétement tombés, si la décadence n'est pas arrivée à sa dernière limite, de revenir à l'énergie du citoyen, soldat au besoin ; à la véritable dignité, par un partage bien égal de tous les devoirs civiques[1] ; peut-être qu'en les pratiquant tous sincèrement, sans défaillance et sans exception, il sera possible de faire renaître parmi toutes les classes de la société, et surtout parmi les plus amollies parmi celles qui possèdent quelques biens, cette virilité, ce courage, ce sentiment de l'honneur qui seuls peuvent rendre une nation respectable : nous sommes loin de là maintenant. Le monde entier nous méprise et ce mépris nous le devons à l'immense influence d'une bourgeoisie hargneuse, jalouse, égoïste, lâche, avide de distinctions et d'argent, qui fait des révolutions sans pouvoir les diriger. Nous le devons à la déplorable éducation de leurs femmes, à leur nullité, à leurs vices, à leurs goûts dépravés et grossiers ; nous le devons à la paresse et au manque d'ordre des ouvriers des grandes villes, imitateurs des petits crevés, fils de leurs patrons qui leur donnent l'exemple de tous les vices. Nous le devons au manque de croyances élevées ; les mots de Dieu et de patrie n'ont plus aucune signification, n'inspirent plus aucun respect, aucun dévouement[2].

Si, pendant quelques années encore, nous continuons à ramper sous cet avilissement, sans faire un effort suprême ; si la bourgeoisie, qui veut gouverner, ne donne pas l'exemple du courage, de la dignité, du bon sens et de la concorde ; si, avant de demander une direction quelconque, elle ne s'inspire pas des vérités suivantes : « s'étudier, travailler sans cesse à » sa propre perfection, entraîner chacun vers cet exemple, » devenir enfin, par l'éclatante pureté de son âme et de sa vie, » comme un miroir offert à ses concitoyens[3] ». Si, au lieu de la pratique de ces austères vertus elle n'écoute que son ventre

[1] La société ne doit pas fournir de prétexte à la lâcheté d'une famille ou à l'inertie d'un citoyen. Tout ce qui dispense l'homme de vouloir le dégrade et l'appauvrit. JULES SIMON.

[2] Si un peuple veut être libre, il faut qu'il ait des croyances, et s'il n'a pas de foi qu'il serve.

QUINET et DE TOCQUEVILLE, *Revue des Deux-Mondes*, 15 mai 1866.

[3] CICÉRON, *De la République*.

et ses convoitises, en se jetant avidement, sans se rendre compte de ses aptitudes, sur les places et les honneurs ridicules, qui finissent par devenir la proie des plus éhontés et des plus indignes, alors la France, la pauvre France pourra être rangée parmi ces nations avilies des temps passés, dont l'histoire nous raconte les déplorables discordes, les sensualités effrénées, le mépris du travail et enfin la complète décadence; alors aussi un seul gouvernement deviendra possible en France, le despotisme, le bras de fer d'un tyran ou d'une Convention. On aura beau se récrier, c'est le seul que nous pourrons avoir et le seul dont nous serons dignes.

Pour ne pas rester dans ce gouffre, que tout le monde se résigne à quelques efforts et à quelques sacrifices, pénibles sans doute à notre corruption. Commençons par supprimer tout monopole, tout cumul; réduisons les appointements les plus élevés à 5,000 francs; détournons les fils des cultivateurs, des petits bourgeois, des ouvriers de la manie des places, en rendant, par la modicité des appointements, les honorables métiers de leurs pères beaucoup plus lucratifs; forçons les salariés de l'État, si souvent incapables, chefs et employés, de travailler enfin sérieusement comme on le fait chez ceux qui nous ont vaincus, et pour que ce résultat puisse être obtenu il faut en réduire le nombre : ceux à qui cette position ne convient pas, chercheront dans l'agriculture, dans l'industrie, dans les arts, des rétributions plus élevées, ils verront si cela est facile et si l'on travaille moins.

Que tout le monde, sans exception, les riches bourgeois d'abord et ensuite seulement les prolétaires, soit enfin soumis au service militaire : chez les nations les plus avancées il en est ainsi. La raison, le bon sens, la justice disent que ceux qui possèdent la richesse doivent d'abord défendre *le pays*, *l'ordre et leur fortune;* être les premiers à observer les lois et à les faire respecter. Et cependant que voyons-nous? de pauvres diables, épuisés par une existence de privations, porter le sac et le fusil, se battre presque toujours avec héroïsme, malgré la faiblesse et l'incurie de ceux qui les commandent, tandis qu'une autre caste, à qui rien ne manque, qui est ou qui devrait être forte, se cache et se traîne lâchement loin du danger et regarde partir, sans que le rouge lui monte au visage, de pauvres gens qui vont mourir pour défendre son bien-être. Infamie! et l'on parle d'égalité! et cette ignoble bourgeoisie fait des révolutions pour l'obtenir. Mais quelle est donc cette égalité qu'elle demande?

La bourgeoisie, pour détruire des abus, a dépossédé en 1792 les nobles et le gouvernement d'alors [1], mais ces nobles, dont elle enviait les honneurs, savaient, quand l'ennemi se présentait à la frontière, se battre et mourir. Cette aristocratie, malgré ses défauts, nourrissait cependant son esprit de nobles pensées; elle avait des règles suprêmes; les principales sont: « Qu'il nous est souverainement défendu de faire aucun cas » de notre vie; que lorsque nous avons été une fois placé » dans un rang nous ne devons rien faire ni souffrir qui fasse » voir que nous nous tenons inférieur à ce rang.

» Que les choses que l'honneur défend sont plus rigou- » reusement défendues lorsque les lois ne concourent point » à les proscrire, et que celles qu'il exige sont plus fortement » exigées lorsque les lois ne les demandent pas [2] ».

A-t-on jamais fait entendre un pareil langage dans la plupart des familles de ceux qui nous gouvernent depuis trop longtemps; ne les dirait-on pas, à leur allure, fils de cabaretiers, de débitants, de marchands suspects, d'usuriers, de procureurs et de bien d'autres du même acabit, qui n'ont plus ni foi ni principes, et qui ne comprennent pas plus, que le premier gredin, que les empires ne subsistent surtout que par la dignité des nations. C'est à cette race d'intrigants, sortant de mille bouges et de salons dorés; c'est à cet étrange mélange de boue et de dorures, dont la moitié peuple les galères et les lieux infâmes, et dont l'autre moitié s'élève aux premiers emplois civils et militaires du pays, que nous devons notre avilissement et notre incessante décadence nationale.

[1] La bourgeoisie trouve juste qu'après avoir supprimé la royauté et la noblesse héréditaires, on s'arrête devant les richesses héréditaires. Or il n'est pourtant pas plus juste que tel individu naisse riche, qu'il n'est juste que tel individu naisse avec une distinction sociale : il n'a pas plus gagné l'un que l'autre par son travail personnel.

E. Renan, *Philosophie de l'histoire contemporaine*, 1er novembre 1869.

[2] Montesquieu, *Esprit des lois*.

Entre ces deux courants frétille une masse énorme d'électeurs, d'imbéciles, de brouillons, d'ambitieux, d'égoïstes, demi-pauvres et riches, portiers et propriétaires, toujours mécontents, parce qu'ils demandent sans cesse pour eux et les leurs des places, des décorations, des honneurs et de bons appointements [1]. Ne pouvant tous être satisfaits, ils ont quelquefois, en couvrant hypocritement leur avidité d'un beau manteau de patriotisme, le courage et l'adresse d'exciter quelques canailles et quelques étudiants sans cervelle à renverser un gouvernement qui résiste peu ; mais leur triomphe est de courte durée : paralysés par la peur, ils sont facilement dominés par la tourbe d'en bas ou par les intrigants d'en haut. Si la pusillanimité des bourgeois, petits boutiquiers et riches fabricants, petits rentiers et millionnaires persiste, s'ils continuent, eux et leurs fils, si pleutres et si lâches dans la dernière guerre, à donner l'exemple de tous les vices ; s'ils continuent à se dégrader aux yeux des classes pauvres, à leur donner le spectacle de leur couardise et de leur peu de civisme, pensent-ils trouver toujours des défenseurs parmi les prolétaires? Non, quand le peuple pauvre, mais courageux, malgré ses défauts, aura enfin la conscience de sa force et de l'indignité de ceux pour lesquels il travaille et se fait tuer, alors ils auront à subir, et cela dans un avenir prochain, une catastrophe épouvantable et méritée, car ils préparent eux-mêmes une Jacquerie qui les écrasera.

Ce que je viens de dire paraîtra sans doute étrange en France, pays gâté par une adulation mutuelle. Avertir sans façon un peuple ignorant qui ne cessait de se dire qu'il était le premier de l'Europe en toutes choses ; qui croyait ses écoles admirées et enviées de l'Europe entière ; démontrer au bourgeois que l'objet de sa plus naïve admiration, où tous les petits boutiquiers, les plus humbles artisans et les domestiques des lycées désiraient voir arriver leurs fils, la fameuse École polytechnique, non-seulement n'a rien produit de remarquable jusqu'à présent, mais qu'elle est une des principales causes de

[1] La France est un pays où l'initiative privée ne se manifeste guère qu'en fatigant le gouvernement de ses demandes.

MAXIME DU CAMP. — 1869.

nos désastres, en nous donnant pour organiser nos services militaires des hommes qui ignoraient tout ce qu'il fallait savoir.

Ils ne connaissaient pas plus nos ressources que celles de l'ennemi; ils ne savaient pas, malgré quelques avertissements et les faits passés, quelles étaient les forces formidables et l'admirable organisation de l'armée prussienne, sa nouvelle manière de faire la guerre et de la préparer, son patriotisme intelligent et courageux, la claivoyance pratique de ses énergiques et courageux officiers. Nos organisateurs, dont la stupide suffisance et la nullité ont été dévoilées dès les premiers jours, sont restés stupéfaits et sans idées devant nos désastres; nos soldats, nos braves soldats ne suffisaient plus comme en Italie, pour réparer leurs fautes et suppléer à leur impuissance. A aucune époque la France n'a été aussi stérile en officiers instruits, prévoyants et énergiques : la mauvaise organisation de nos écoles en est une des causes; les autres, personne ne les ignore maintenant.

Ces messieurs, qui font un mystère de leurs talents militaires, qui, en effet, sont restés bien voilés pendant nos guerres, et qui n'ont d'autre mérite que d'exposer avec prudence dix ou quinze fois leur vie dans une carrière de trente ans, de vivre grassement et de parader pendant le restant de leur existence, se croient dignes de notre incessante admiration et de nos continuels sacrifices; tandis qu'une foule de pauvres ouvriers, les mineurs, les couvreurs, entre autres, qui s'exposent tous les jours à une mort épouvantable en faisant leur utile métier, après avoir fait celui de soldat pendant sept ou huit ans, vivent misérablement et sans aucune distinction, malgré leur utilité. Quant à leur courage, ils n'en parlent jamais, il leur paraît tout naturel de ne pas être inférieurs à un bouledogue.

Il faut avouer que tout le monde aidait à augmenter notre aveuglement en toutes choses : la bourgeoisie, fière de ses fils, ne cessait de les admirer et de les amollir, et l'on était fort mal venu quand on semblait trouver quelque chose à redire à tout ce clinquant, à toute cette corruption. Peut-être voit-on aujourd'hui où nous conduisaient toutes nos vanités et nos sottises, et on permettra de dire maintenant qu'il était par trop stupide d'insulter et de traiter de mauvais citoyens ceux qui nous avertissaient de notre infériorité militaire et des progrès qui se faisaient autour de nous.

Que ceux qui gouvernent le pays actuellement, cherchent à ménager tous les partis, tout en les menant comme des hommes au cou raide, vers la République, seul gouvernement possible, cela est bien ; mais laissons dire franchement aux témoins peu connus toutes les lâchetés, toutes les infamies qu'ils ont pu voir; cela est bien aussi, car cela peut dévoiler bien des coquins impunis, tout disposés à recommencer leurs infâmes menées. Répétons aussi sans cesse quelles sont les conséquences déplorables de notre mauvais enseignement dans nos écoles spéciales, plus nuisibles encore que la fâcheuse ignorance de nos campagnards, qu'on leur reproche tant; car c'est aux faux savants qu'il nous donne, tels que les Lebœuf, les Frossard, les Coffinières et des centaines d'autres de la même force, à qui l'on confiait la direction de la défense du pays, que nous devons nos désastres. Et quelles en sont les premières victimes? les campagnards surtout, qui cependant, malgré leur ignorance, vont être obligés de redoubler d'efforts pour réparer nos pertes, tandis que les véritables auteurs de nos défaites, les faux savants, reprendront, sans avoir souffert, leurs anciennes positions dans la direction de nos administrations et de nos écoles militaires où ils recommenceront, sans avoir *rien appris*, à préparer de nouvelles catastrophes, si cependant la République, un peu plus clairvoyante que Napoléon III, n'y met pas ordre.

Peut-on s'imaginer maintenant en France, un autre gouvernement, qu'un pouvoir despotique ou une République avec un président énergique? je ne le crois pas. Avec le premier, s'il est habile, s'il a du génie, le calme renaîtra pendant quelque temps, il fera peut-être de grandes choses, puis des sottises et il disparaîtra, comme toujours, en nous laissant en proie à des révolutions de plus en plus terribles, qui finiront enfin par l'anéantissement de la bourgeoisie. Avec la République et un gouvernement énergique, éclairé et honnête, il ne faut pas croire que les troubles cesseront immédiatement, tout le monde ne se croit-il pas digne de la présidence? C'est une erreur que le temps et l'expérience feront disparaître.

Mais ces troubles, que tous les intrigants désirent faire naître pour en tirer profit, il faut que la bourgeoisie s'habitue à les maîtriser, et cela sera bon, car elle finira par comprendre enfin qu'elle doit savoir se défendre et donner à ses fils une éducation plus virile. Les ambitieux et les brouillons finiront aussi par comprendre qu'une République peut être plus énergique qu'un *dominator,* tout en se conformant aux lois du pays, et alors ces ambitieux sans talent, assez lâches au fond, ne bougeront plus, comme ils le faisaient sous les Napoléon qui les maîtrisaient facilement.

Vouloir relever un trône, une monarchie avec une de nos anciennes familles royales, n'est-ce pas là ce qu'il y a de plus difficile et de moins durable? C'est vouloir exposer à de nouveaux périls et à leur perte immédiate des familles honnêtes; elles succomberaient infailliblement sans nous sauver. Leurs amis aveuglés, et leurs plus cruels ennemis peuvent seuls leur conseiller une telle chose. Qu'ils reviennent au milieu de nous à d'autres titres; qu'ils reviennent avec tous les noms historiques qui ont fait et honoré la France à toutes les époques; que les plus instruits et ceux qui comprennent notre nouvelle situation viennent au premier rang avec les citoyens dignes, par leur courage, leur probité et leurs talents, de gouverner le pays; qu'ils proclament leur ancien axiome : *noblesse oblige*, et ils sauront donner l'exemple de l'honneur et du devoir à la bourgeoisie égarée et sans principes, qui finira aussi, comme notre ancienne bourgeoisie, si noble et si digne, par voir que cela est bon et utile. Est-ce une illusion d'un pauvre rêveur? Cependant il me semble que c'est là le seul moyen de relever la France, de lui faire effacer toutes ses hontes et toutes ses lâchetés et de faire cesser enfin le règne des aventuriers, des intrigants, des faux savants, des voleurs et des honteuses et ignobles incapacités de toutes les couleurs.

Que les honnêtes gens, dont le nombre est encore grand, mais dont l'énergie est faible, qui souffrent et qui laissent faire tout ce qui nuit, comprennent donc enfin qu'ils ne remplissent pas leur mission; que Dieu ne les pas placés sur la terre pour être dominés et torturés par les méchants et les nouveaux barbares qui surgissent au milieu de nous; que la parole des justes se fasse entendre avec autorité et non en vaines et timides récriminations ; que leurs cœurs s'affermissent pour dévoiler le vice et le mal et les combattre sans relâche ; que la libre manifestation et la volonté du plus grand nombre fasse taire les vanités individuelles, dissipe toutes les niaises différences d'opinions, fasse cesser des dissidences absurdes et sans importance qui séparent et isolent les gens honnêtes, il en est grand temps s'ils veulent se sauver. Il faut que tous fassent des concessions, peu importantes en général, et se groupent franchement autour des chefs nommés par la majorité et qu'ils forment, tous réunis, une internationale d'hommes de bien pour combattre et arrêter les sinistres calamités que des doctrines mal comprises et d'infernales ambitions font naître et propagent avec rapidité.

C. J. A. Me de Neuforge.

(Auguste Miget, peintre à Metz — Neuforge [illegible].)

Metz. — Imp. E. Réau.

www.ingramcontent.com/pod-product-compliance
Ingram Content Group UK Ltd.
Pitfield, Milton Keynes, MK11 3LW, UK
UKHW020229200726
13856UKWH00004B/1678

9 782011 757616